THÉORIE POSITIVE

DE

L'OVULATION SPONTANÉE

ET DE

LA FÉCONDATION

DES MAMMIFÈRES ET DE L'ESPÈCE HUMAINE.

IMPRIMÉ CHEZ PAUL RENOUARD,
RUE GARANCIÈRE, N. 5.

THÉORIE POSITIVE

DE

L'OVULATION SPONTANÉE

ET DE

LA FÉCONDATION

DES MAMMIFÈRES ET DE L'ESPÈCE HUMAINE,

basée sur l'observation de toute la série animale

PAR

F.-A. POUCHET,

DOCTEUR EN MÉDECINE,

PROFESSEUR DE ZOOLOGIE AU MUSÉUM D'HISTOIRE NATURELLE DE ROUEN, CHEVALIER DE L'ORDRE ROYAL
DE LA LÉGION-D'HONNEUR, MEMBRE DE PLUSIEURS ACADÉMIES NATIONALES ET ÉTRANGÈRES, ETC.

La nature obéit à des lois et à des règles, dans l'immense variété de ses productions (TIEDEMANN, Physiolog., t. 1, p. 11).

Ouvrage qui a obtenu le prix de physiologie expérimentale à l'Académie Royale des sciences de Paris, au concours de 1845.

ATLAS.

A PARIS,

CHEZ J.-B. BAILLIÈRE,

LIBRAIRE DE L'ACADÉMIE ROYALE DE MÉDECINE,

RUE DE L'ÉCOLE DE MÉDECINE, 17.

A LONDRES, CHEZ H. BAILLIÈRE, 219, REGENT-STREET,

1847.

PLANCHE PREMIÈRE.

ZOOSPERMES DE LA GRENOUILLE.

Les divers dessins contenus dans cette planche ont été exécutés dans le mois de mars, époque à laquelle les zoospermes de la Grenouille commune sortent de leurs capsules et deviennent libres.

Fig. 1 à 9. Représentent les diverses formes transitoires qu'offrent ces zoospermes depuis le moment où ils viennent de sortir de la capsule jusqu'à celui où ils sont complétement entortillés. — *Fig.* 1. Zoosperme venant de s'isoler de son faisceau et ayant encore derrière lui son globule. — *Fig.* 2. Zoosperme venant de perdre son globule et commençant à se courber. — *Fig.* 3, 4 et 5. Zoospermes se courbant de plus en plus. — *Fig.* 6, 7 et 8. Zoospermes commençant à s'entortiller. — *Fig.* 9. Zoosperme complétement entortillé, et dont la rosette avait été prise pour une tête aplatie.

Fig. 10. Faisceau de zoospermes s'échappant de la capsule génératrice et encore contenu en partie dans son intérieur.

Fig. 11. Zoospermes sortis de leur capsule génératrice, mais encore agglutinés et formant trois faisceaux ; au-dessus, plusieurs zoospermes sont déjà devenus libres.

Fig. 12. Sperme de Grenouille étendu d'eau, et dans lequel tous les zoospermes sont entortillés. Çà et là nagent quelques vésicules muqueuses.

Fig. 13. Vésicules muqueuses de diverses grosseurs.

Fig. 14. Globule granulé, jaunâtre, qui est adhérent pendant un certain temps à la queue de chaque zoosperme.

Fig. 15. Zoosperme de Grenouille vu en dessus et plus grossi que les précédens pour mieux faire voir son enroulement.

Fig. 16. Autre zoosperme extrêmement grossi, vu un peu de côté.

PLANCHE II.

————◦◉◦————

FLUIDE SÉMINAL DE L'HOMME.

Cette planche est consacrée à démontrer l'organisation des zoospermes de l'espèce humaine.

F₁ɢ. 1 et 2. Globules d'évolution ou capsules génératrices des zoospermes.

F₁ɢ. 3 et 4. Zoospermes extrêmement grossis afin de mieux faire apercevoir leur forme et l'espèce d'appareil buccal qui se trouve en avant, puis la vésicule qu'offre la région antérieure du céphalo-thorax et l'espèce de masse intestiniforme qui existe derrière elle, et enfin la pellicule épithéliale qui circonscrit tout l'animalcule.

F₁ɢ. 5. Zoosperme comme on en découvre parfois, qui, après s'être longtemps débattu, a déchiré en lambeaux la pellicule épithéliale dont il est recouvert.

F₁ɢ. 6. Zoosperme dont la pellicule épithéliale du céphalo-thorax a été rejetée tout d'une pièce en arrière. Cette disposition se rencontre très-souvent. Elle a été déjà figurée sans que les micrographes aient expliqué catégoriquement à quoi elle tenait.

F₁ɢ. 7. Sperme desséché sur une plaque de verre. On remarque au milieu de la figure trois zoospermes morts et déformés. L'espèce de bourrelet qui se trouve en arrière du céphalo-thorax, me paraît être formé par le plissement de la pellicule épithéliale.

F₁ɢ. 8. Sperme pur, pris dans l'urèthre vingt minutes après le coit. Zoospermes s'avançant parmi plusieurs globules de mucus et des granulations extrêmement fines ; dessinés à la lampe et au moment où leurs mouvements sont extrêmement lents.

————◦◉◦————

PLANCHE III.

———◦◦◦———

OVULATION SPONTANÉE DE LA LAPINE.

Dans cette planche les figures d'un à douze représentent toutes les phases de l'ovulation spontanée de la Lapine, depuis le commencement du développement d'une vésicule de De Graaf jusqu'à sa rupture et à l'émission de l'œuf; et depuis celle-ci jusqu'à la formation du corps jaune.

Toutes ces figures sont grossies six fois. Les six premières figures représentent la période d'accroissement depuis le commencement de l'ovulation jusqu'à l'émission de l'œuf, et les six dernières toute la période de décroissement depuis cette émission jusqu'à la formation du corps jaune.

Fig. 1. Vésicule de De Graaf, mince, encore transparente et latente.

Fig. 2. Vésicule commençant à se développer, et dont les parois se sont déjà un peu épaissies.

Fig. 3. Vésicule plus volumineuse et sur laquelle les vaisseaux capillaires commencent à apparaître.

Fig. 4. Vésicule plus avancée et commençant à s'ouvrir.

Fig. 5. Vésicule encore plus ouverte et dont le système capillaire s'est encore accru, surtout dans les environs de son ouverture.

Fig. 6. Vésicule tout à fait ouverte et qui vient d'émettre son œuf. Le réseau vasculaire qui borde l'ouverture a atteint son maximum de développement.

Fig. 7. Commencement de la période de décroissement. Il se forme une sorte de bouchon de lymphe coagulable ou de fibrine dans l'ouverture, et l'appareil vasculaire devient moins apparent.

Fig. 8. Vésicule dont la cicatrisation s'opère de plus en plus, en même temps que les vaisseaux disparaissent.

Fig. 9. Vésicule encore plus avancée et dont la cicatrisation est presque complète.

Fig. 10. Vésicule dont la cicatrice n'est plus apparente, et ayant contracté la teinte jaune.

Fig. 11 et 12. Vésicule devenue plus petite, plus dense et jaune, et dont le réseau capillaire est presque totalement effacé (corps jaune).

Fig. 13. Vitellus d'Œuf de Lapine, entier et contenant sa vésicule germinative, considérablement grossi.

Fig. 14. Vitellus plus grossi encore. La membrane vitelline, qui est granuleuse à l'extérieur, est déchirée et laisse sortir les vésicules vitellines et la vésicule germinative.

Fig. 15. Ovaire de Lapine grossi trois fois. On voit à sa surface des vésicules de De Graaf transparentes et dans leur premier état.

Fig. 16. Ovaire de Lapine grossi trois fois et présentant plusieurs vésicules de De Graaf ouvertes. Deux, vues de profil, sont plus avancées; elles avaient déjà émis leur œuf, et leur ouverture était bouchée par un caillot fibrineux.

PLANCHE IV.

OVULATION SPONTANÉE DE LA LAPINE.

Cette planche fait suite à la précédente et offre deux ovaires de Lapine ayant émis leurs ovules et sur lesquels on découvre plusieurs corps jaunes. En outre, on y a représenté plusieurs sections de vésicules de De Graaf, destinées à faire apprécier les mutations organiques que leur fait subir l'ovulation.

Fig. 1. Ovaire de Lapine grossi trois fois et sur lequel on distingue trois corps jaunes commençant à se former. Leur surface offre encore des restes du réseau vasculaire adventif, et l'on voit en outre au centre l'espèce de mamelon formé par la cicatrisation de l'ouverture.

Fig. 2. Ovaire de Lapine également grossi et plus avancé. Les corps jaunes sont plus formés. On n'aperçoit plus de mamelon à leur surface, et le réseau vasculaire adventif a presque totalement disparu.

Fig. 3. Vésicule de De Graaf coupée perpendiculairement au plan de l'ovaire, peu de temps après sa rupture. Déjà ses parois se sont épaissies, mais l'ouverture est encore béante.

Fig. 4. Coupe de vésicule de De Graaf peu de temps avant sa rupture et lorsque déjà elle est remplie de sang.

Fig. 5. Coupe de vésicule de De Graaf montrant un corps jaune commençant à se former par l'épaississement de la membrane propre. La cavité est encore fort apparente.

Fig. 6. Corps jaune plus avancé. L'ancienne cavité est presque tout à fait comblée ; déjà la masse du corps jaune s'est contractée.

Fig. 7. Corps jaune encore plus avancé ; son volume a beaucoup diminué ; sa cavité est à peine apparente, et la teinte jaune du tissu a acquis plus d'intensité.

PLANCHE V.

OVULATION SPONTANÉE DE LA FEMME.

Cette planche représente des ovaires de grandeur naturelle et sur lesquels on voit plusieurs cicatrices de vésicules de De Graaf indiquant l'émission de leurs ovules.

F₁ɢ. 1. Ovaire de jeune fille vierge, âgée de vingt ans, morte dans un hospice de la ville de Rouen. La surface était lisse, jaunâtre, et l'on y observait trois cicatrices, dont les deux inférieures semblent indiquer que la déchirure par laquelle l'ovule a passé à l'époque de la menstruation, était considérable. Ces cicatrices étaient bleuâtres au fond et un peu enfoncées; l'une était située en haut et les deux autres vers le bas.

Fɪɢ. 2. L'autre ovaire de la même jeune fille. On y observe seulement deux cicatrices bleuâtres dont l'une est très-petite.

Fɪɢ. 3. Ovaire de femme accouchée depuis peu de jours et morte en couches. On voit au bas de cet ovaire une cicatrice plus apparente que sur ceux de la jeune fille, et dont le fond offre une teinte rouge et est occupé par des capillaires sanguins.

Fɪɢ. 4. Ovaire d'une femme de trente-deux ans, ridé par la succession des ovulations. La dernière ouverture n'est point encore cicatrisée.

Fɪɢ. 5. Le même ovaire fendu sur cette ouverture pour montrer la vésicule de De Graaf avec laquelle elle communique et dont l'œuf a été expulsé récemment.

PLANCHE VI.

———◦◦◦———

OVULATION SPONTANÉE DE LA TRUIE.

ÉMISSION DE L'ŒUF.

Cette planche expose tous les changements qu'éprouvent les vésicules de De Graaf de la Truie, depuis le moment où elles commencent à se développer spontanément pour effectuer l'ovulation, jusqu'à celui où elles se fendent et émettent leur œuf. Toutes ses figures sont de grandeur naturelle, à l'exception des deux dernières.

Fig. 1. Ovaire de Truie ayant à sa surface un grand nombre de vésicules latentes, transparentes.

> *Fig.* 1 a. Le même dont on a opéré la section pour faire voir l'intérieur de quelques vésicules.

Fig. 2. Ovaire sur lequel plusieurs vésicules se développent en même temps qu'il apparaît à leur surface un réseau capillaire.

> *Fig.* 2. a. Coupe du même ovaire montrant l'intérieur de trois vésicules; les parois de celles-ci sont encore très-peu épaissies, et elles ne contiennent qu'un fluide albumineux incolore.

Fig. 3. Ovaire dont plusieurs vésicules sont encore plus développées, plus vasculaires.

> *Fig.* 3. a. Coupe du même ovaire; une vésicule fait voir son intérieur; déjà un peu de sang s'infiltre vers son fond; près d'elle trois corps jaunes ont été également compris dans la section.

Fig. 4. Ovaire dont deux vésicules sont encore plus avancées; déjà il se forme une petite ouverture pour l'émission de l'œuf; les environs de celles-ci offrent un réseau capillaire adventif très-abondant.

> *Fig.* 4 a. Coupe de cet ovaire. Les vésicules sont remplies d'un caillot de sang compacte, et leurs parois sont peu épaissies.

Fig. 5. Ovaire dont plusieurs vésicules sont parvenues à leur summum de développement. Il s'est formé sur trois d'entre elles une longue fente par laquelle l'œuf est sorti ; un œuf se trouve encore dans l'écartement des lèvres de l'une d'elles. Le réseau vasculaire adventif a acquis son plus grand développement : il est surtout très-fin et abondant aux environs de l'ouverture.

Fig. 5 a. Coupe du même ovaire. L'intérieur des vésicules est occupé par un caillot de sang compacte. Les parois de celles-ci commencent à s'épaissir d'une manière apparente et à se plisser.

Fɪɢ. 6. Vésicule de De Graaf grossie une fois et coupée pour montrer la manière dont s'était plissée la membrane propre en s'éloignant de la forme presque régulière qu'elle affecte ordinairement.

Fɪɢ. 7. Autre vésicule de De Graaf, grossie comme la précédente, et offrant comme elle un développement anormal des circonvolutions de la membrane propre.

PLANCHE VII.

OVULATION SPONTANÉE DE LA TRUIE.

FORMATION DES CORPS JAUNES

Cette planche est consacrée à exposer tous les changements qu'offrent les vésicules de De Graaf de la truie, depuis l'émission spontanée de l'œuf, jusqu'à la formation et l'absorption des corps jaunes. Toutes ces figures sont exécutées de grandeur naturelle, à l'exception des deux dernières.

Fig. 1. Ovaire de Truie offrant trois vésicules de De Graaf, dont l'ouverture s'est considérablement rétrécie et commence à se cicatriser. Le réseau vasculaire commence à diminuer.

Fig. 1 a. Coupe du même ovaire montrant l'intérieur de ces trois vésicules. La membrane propre s'est épaissie manifestement et se plisse pour former des espèces de circonvolutions. L'intérieur est occupé par un caillot compacte.

Fig. 2. Ovaires présentant trois vésicules dont la cicatrisation est presque complète.

Fig. 2 a. Coupe de ces vésicules; membrane propre considérablement épaissie. Sa cavité est beaucoup diminuée et ne renferme plus qu'un caillot dont la coloration est moins intense.

Fig. 3. Ovaire dont les vésicules sont tout à fait cicatrisées et commencent à présenter la teinte jaune. Le réseau vasculaire adventif est considérablement diminué et moins injecté.

Fig. 3 a. Intérieur des mêmes vésicules. La membrane propre, par son hypertrophie, les remplit presque totalement. La cavité, qui ne contient plus qu'un peu de sang décoloré, est très-peu considérable.

Fig. 4. Les vésicules ne présentent plus de traces de cicatrices, et se sont transformées en corps jaunes; leur surface n'est presque plus vasculaire, et elles ont diminué considérablement de volume.

Fig. 4 a. Le même ovaire coupé; il n'y a plus qu'un faible indice de cavité à l'intérieur des corps jaunes.

Fig. 5. Ovaire présentant des corps jaunes encore plus anciens, et qui, beaucoup plus petits, sont en partie absorbés.

Fig. 5 a. Coupe de ces mêmes corps jaunes dont le tissu est très-compacte et d'un jaune foncé.

Fig. 6 et 7. Coupes de vésicules grossies et montrant un développement anormal de la membrane propre.

PLANCHE VIII.

OVULATION SPONTANÉE DE LA TRUIE.

ŒUF DANS LA VÉSICULE DE DE GRAAF ET ANOMALIES.

FIG. 1. Ovaire de Truie de grandeur naturelle et sur lequel plusieurs vésicules présentent d'énormes déchirures par lesquelles les ovules ont été expulsés. Dans le fond on voit le caillot de sang qui remplit chaque cavité. Ces vastes déchirures, se rencontrant assez fréquemment, coïncident ordinairement avec une plus forte inflammation de l'organe; il est plus rouge et ses capillaires sanguins sont plus abondants que dans l'état ordinaire.

FIG. 2. Ovule extrêmement grossi et vu en place dans le fond de la vésicule de De Graaf. Il est représenté sous la membrane granuleuse et même un vaisseau de celle-ci passe au-dessus de lui. Le sang commence à s'épancher dans ses environs et il va bientôt le soulever.

FIG. 3. OEuf plus grossi et encore adhérent à la membrane propre, sur un lambeau de laquelle il est représenté. Au centre se trouve la vésicule germinative.

FIG. 4. OEuf dans les mêmes circonstances et encore plus grossi. Il est recouvert par la membrane granuleuse.

FIG. 5. OEuf pris dans l'ovaire au moment de sa sortie. Vitellus dont la membrane est fendue et laisse échapper les vésicules vitellines. Parmi elles on découvre la vésicule germinative.

FIG. 6. OEuf pris au commencement des trompes. Vitellus libre considérable-

PLANCHE IX.

STRUCTURE INTIME DE LA VÉSICULE DE DE GRAAF ET DES CORPS JAUNES.

Fig. 1. Lambeau du tissu cérébriforme d'un corps jaune parvenu à son summum de développement et vu à un grossissement assez fort. Les vésicules qui ont alors acquis ainsi tout leur développement s'isolent facilement les uns des autres, par la plus faible traction. Quoique le tissu des corps jaunes possède alors une teinte d'un jaune fauve peu foncée, ces vésicules, vues au microscope, sont d'une couleur vert-clair. — Deux de ces vésicules se sont éclatées et ont laissé échapper les granules qu'elles contenaient.

Fig. 2. Trois vésicules du même corps jaune encore plus grossies pour montrer leur nucléus ou leur hile. L'une d'elles s'est éclatée et est vide; autour d'elle se trouvent les granules qui la remplissaient.

Fig. 3. Lambeau de la membrane granuleuse vu au microscope, pour montrer qu'elle est vasculaire. On y observe plusieurs vaisseaux capillaires qui se ramifient entre ses vésicules.

Fig. 4. Lambeau de la membrane granuleuse encore plus grossi pour établir le parallèle entre sa structure et celle de la membrane propre qui forme seule le corps jaune. Ses vésicules d'un moindre volume et plus délicates ne conservent pas leurs formes anguleuses lorsqu'elles se trouvent isolées. Alors elles sont sphériques et lorsqu'elles s'ouvrent elles ne se fendent point, mais laissent échapper les granules qu'elles contiennent par un trou, à l'instar d'un grain de pollen.

Fig. 5. Vésicule de De Graaf de la Truie, de grandeur naturelle, représentée au moment où elle n'est encore remplie que d'un liquide albumineux et où l'épanchement de sang commence à soulever la membrane granuleuse.

3

Fig. 11 à 19. Vésicules de De Graaf de la Truie, de grandeur naturelle, et coupées verticalement pour faire voir comment s'absorbe le caillot de sang et comment la membrane propre s'accroît et se plisse pour former le corps jaune. La première de ces figures représente une vésicule venant d'émettre son ovule, et c'est sur la dernière que le corps jaune est totalement formé.

Fig. 20 à 3o. Vésicules de De Graaf de la Truie, mais qui ont été coupées horizontalement pour démontrer comment la membrane propre se plisse dans ce sens.

PLANCHE X.

EXPULSION DE L'OVULE.

FORMATION SUCCESSIVE DES CORPS JAUNES.

Fig. 1. à 8. Figures schématiques démontrant comment l'épanchement de sang, qui commence dans le fond d'une vésicule de De Graaf, s'accroît successivement en soulevant l'œuf et la membrane granuleuse et les porte l'un et l'autre vers l'ouverture de cette vésicule.

Ces diverses figures, qui sont environ deux fois plus grandes que nature, ont été exécutées d'après l'examen des vésicules de De Graaf de la Truie.

La première représente les phénomènes primitifs de l'évolution de l'œuf; l'épanchement de sang commence à poindre et à soulever l'ovule et la membrane granuleuse.

Les suivantes montrent comment l'épanchement de sang augmente de plus en plus, tandis que le fluide albumineux diminue, et comment l'œuf est successivement porté avec la membrane granuleuse du fond des vésicules de De Graaf jusqu'à leur superficie.

Fig. 9. Vésicule de De Graaf de la Truie, grossie quatre fois, pour mieux montrer sa disposition. Elle vient de s'ouvrir et elle a été surprise au moment où l'œuf était encore entre les lèvres de son ouverture.

Fig. 10. Lambeau de la vésicule de De Graaf, considérablement grossi, et vu par sa face interne dans l'endroit où s'est faite la déchirure. L'œuf a été surpris au moment où, environné de la membrane granuleuse, il allait être porté à l'extérieur.

Fig. 11 à 19. Vésicules de De Graaf de la Truie, de grandeur naturelle, et coupées verticalement pour faire voir comment s'absorbe le caillot de sang et comment la membrane propre s'accroît et se plisse pour former le corps jaune. La première de ces figures représente une vésicule venant d'émettre son ovule, et c'est sur la dernière que le corps jaune est totalement formé.

Fig. 20 à 30. Vésicules de De Graaf de la Truie, mais qui ont été coupées horizontalement pour démontrer comment la membrane propre se plisse dans ce sens.

PLANCHE XI.

ORGANISATION DU VITELLUS.

Toutes ces figures représentent des vésicules du vitellus de l'œuf de la Poule, considérablement grossies.

FIG. 1. Vésicules vitellines non comprimées et de diverses dimensions.

FIG. 2. Vésicules vitellines dont quelques-unes se trouvent comprimées et ont pris des formes anguleuses.

FIG. 3. Vésicules vitellines qui se trouvent allongées par l'action d'une force quelconque.

FIG. 4. Portion de vitellus ayant subi la cuisson Toutes les vésicules en se comprimant mutuellement ont pris des formes anguleuses et ressemblent à autant de petits solides polyèdres.

FIG. 5 à 7. Vésicules vitellines considérablement plus grossies que les précédentes pour montrer que leur surface est finement granulée. L'une d'elles, *Fig.* 7, est déchirée et laisse s'écouler les granules mobiles qu'elle renferme.

FIG. 8 et 9. Granules mobiles extrèmement amplifiés.

FIG. 10 à 19. Diverses formes qui ont été exactement observées sur des vésicules vitellines cuites.

PLANCHE XII.

——◦◦◦——

MENSTRUATION DE LA FEMME.

Cette planche représente les principales phases de la menstruation. La sécrétion a été observée au microscope à de puissants grossissements.

Fig. 1. Invasion de la menstruation. Il n'existe encore que fort peu de globules du sang mêlés au mucus, et la sécrétion teint à peine le linge. Les globules muqueux et les plaques d'épithélium, presque toutes entières, nagent dans un liquide abondant et limpide. Presque tous les premiers contiennent d'autres petits globules ou des granules qui forment un nucléus à leur partie centrale.

Fig. 2. Menstruation parvenue à son apogée. Les globules du sang sont beaucoup plus nombreux que dans la période d'invasion. Les plaques d'épithélium sont généralement intactes.

Fig. 3. Menstruation dans la même période que celle représentée dans la figure précédente, mais dont les globules du sang se sont disposés par espèces de piles.

Fig. 4. Terminaison de la menstruation. Cette période présente à peu près le même aspect que l'invasion.

Fig. 5. Lambeau d'une *decidua* tombée spontanément dix jours après la terminaison des règles. Ce lambeau est vu à un très-fort grossissement et non comprimé. Il semble formé d'une masse albumineuse dans laquelle se trouvent entassés des nucléus d'épithélium.

Fig. 6. Fragment de la précédente *decidua* vu à un plus fort grossissement et un peu comprimé.

Fig. 7. Fragment de *decidua* comprimé comme le précédent, mais un peu moins grossi.

——◦——

PLANCHE XIII.

INTERMENSTRUATION DE LA FEMME.

Cette planche est totalement occupée par des dessins représentant les périodes principales de l'inter-menstruation. Le mucus recueilli à l'orifice de la vulve, ou plus profondément, est vu à un grossissement considérable.

Fig. 1. Mucus vaginal pur, recueilli deux jours après les règles. Les plaques d'épithélium et les globules muqueux nagent dans un fluide abondant et transparent. Ces plaques sont presque toutes entières et quelques-unes se trouvent encore accolées par leurs bords.

Fig. 2. Mucus vaginal recueilli quatre jours après les règles. Il offre à peu près le même état que dans l'observation précédente, seulement les plaques d'épithélium et les globules muqueux sont proportionnellement plus abondants.

Fig. 3. Mucus vaginal recueilli six jours après la cessation des menstrues. Il est moins translucide que précédemment. Il contient un bien plus grand nombre de plaques d'épithélium et de globules muqueux qu'il ne s'en trouvait quelques jours avant; les plaques ne sont plus isolées mais elles se trouvent entassées les unes sur les autres et pour les observer il faut ajouter de l'eau. Presque toutes sont encore entières.

Fig. 4. Mucus vaginal recueilli le dixième jour après la menstruation et étendu d'eau. Le mucus est alors d'un blanc mat et il contient une telle abondance de débris de plaques d'épithélium qu'on ne peut l'observer par. Presque toutes les plaques sont déchirées par petits fragments et sou-

vent on rencontre des nucléus totalement libres, entiers ou même
altérés.

Fig. 5. Plaque d'épithélium plus grossie que les précédentes pour montrer
que la surface en est finement granulée.

Fig. 6. Nucléus dont la membrane s'est déchirée à son pourtour.

Fig. 7. Nucléus altéré, libre, observé dans le mucus intermenstruel pris
douze jours après la cessation de l'écoulement cataménial.

Fig. 8, 9, 10 et 11. Globules de mucus extrêmement grossis, pour faire voir
les divers aspects qu'ils présentent à leur intérieur.

PLANCHE XIV.

MENSTRUATION DE LA TRUIE.

Toutes les figures qui se trouvent sur cette planche sont destinées à fixer nos connaissances sur la menstruation de la Truie.

Fig. 1. Offre une vue microscopique de mucus recueilli vers l'orifice vaginal de cet animal durant l'intermenstruation. Les plaques d'épithélium que l'on voit, sont presque toutes régulières et de forme hexagonale; elles semblaient dans le groupe qui est représenté, encore adhérer par leurs bords.

Fig. 2. Mucus recueilli dans l'utérus, vers son orifice. Les plaques d'épithélium sont presque toutes libres; avec elles on rencontre quelques nucléus et quelques granules.

Fig. 3. Fluide recueilli dans la région inférieure des cornes durant la menstruation. Les globules du sang qu'on y observe ne sont pas aussi abondants que dans la menstruation de la femme; mais ils sont cependant assez nombreux pour colorer fortement la sécrétion; avec eux on découvre une assez grande quantité de nucléus d'épithélium; nucléus qui, dans les régions élevées de l'appareil, constituent seuls les vestiges de celui-ci. En outre, on voit aussi, nageant dans le fluide, un certain nombre de globules muqueux et de granules.

Fig. 4. Fluide recueilli dans les cornes durant la menstruation. Dans cet endroit les globules du sang sont encore assez abondants. Les globules du mucus sont plus développés et plus nombreux que dans la région précédente : on n'y rencontre plus de nucléus d'épithélium.

Fig. 5 à 14. Figures diverses, plus ou moins régulières, que j'ai le plus souvent observées sur l'épithélium en pavé de la Truie, enlevé dans le canal vaginal.

PLANCHE XV.

ŒUF ET MENSTRUATION DE LA LAPINE.
ZOOSPERMES DE LAPIN.

Fig. 1. Représente le fluide pris dans les cornes d'une Lapine, au moment de la menstruation et vingt heures après l'accouplement. On y voit un certain nombre de zoospermes vivants, puis quelques globules du sang et des globules muqueux.

Fig. 1 a. Un de ceux-ci plus grossi pour faire voir ses granulations.

Fig. 2. Fluide récueilli dans les cornes d'une Lapine trente heures après l'accouplement. Alors les zoospermes sont morts, et leur extrémité caudale est rigide et rectiligne. Sur quelques-uns même la queue est séparée du tronc et encore rigide, mais on la distingue parfaitement; et de place en place on aperçoit des cépha othorax de zoospermes, soit isolés, soit empilés les uns sur les autres.

Fig. 3. Zospermes vivants vus de face et de côté, encore plus amplifiés.

Fig. 4. Zoospermes morts et entiers offrant la rigidité de l'extrémité caudale.

Fig. 5. Zoospermes morts et dont la décomposition a séparé l'extrémité caudale.

Fig. 6. Céphalothorax de zoosperme plus grossi, pour faire voir les granulations de sa surface. Je n'ai pu apercevoir encore à l'intérieur des zoospermes de cette espèce aucune trace d'organisation.

Fig. 7. Zoospermes du Lapin, d'après M. Bory Saint-Vincent.

Fig. 8. Zoospermes du Lapin, d'après M. Dujardin.

Fig. 9. Œuf de Lapine saisi dans le milieu des trompes, à 60 millimètres de leur extrémité utérine, quinze heures après l'accouplement; il existait à sa surface dix zoospermes. La vésicule germinative était alors expulsée du vitellus et flottante dans l'albumen.

PLANCHE XVI.

—◦◦◦—

ÉVOLUTION DE LA VÉSICULE GERMINATIVE.

Cette planche est destinée à éclairer la structure du vitellus et les particularités physiologiques qu'offre l'évolution de la vésicule germinative. Toutes ces figures ont été exécutées d'après l'œuf de la Limnée ovale (*Limneus ovatus*, Lin.), et elles sont plus ou moins amplifiées.

FIG. 1. OEuf de Limnée venant d'être pondu. Le vitellus est éclairé par la lumière réfractée. La tache cruciforme plus pâle qui s'observe à sa surface, indique le lieu qu'occupe l'accolement des parois des six cellules primaires qui le forment.

FIG. 2. Vitellus de Limnée venant d'être pondu et qui a été dilaté à l'aide de la chaleur sur le porte-objet d'un microscope solaire, pour démontrer qu'il ne se compose d'abord que de six cellules primaires. Peu à peu les cellules se sont dilatées et isolées et ont pris la forme de six sphères. Chaque fois que l'on répète cette expérience on obtient le même nombre de vésicules.

FIG. 3. Vitellus de Limnée dont l'évolution s'est arrêtée après un certain laps de temps, et qui laisse voir sa vésicule germinative s'échappant du groupe que forment les vésicules produites par la segmentation.

FIG. 4. Corps qui nagent dans le liquide qui remplit les vésicules vitellines primaires, et qui sont doués de mouvements extrêmement remarquables et bien différents du mouvement Brownien.

FIG. 5. Vitellus extrêmement grossi et ayant à son centre la vésicule germinative remplie de granules mobiles.

FIG. 6, 7, 8, 9, 10 et 11. Toutes ces figures sont consacrées à démontrer l'évolution de la vésicule germinative. A la surface de toutes, on voit les corps extrèmement mobiles dont nous avons parlé et qui, après un certain temps, cessent tout mouvement et semblent s'enchevêtrer pour former une membrane superficielle au vitellus. Dans la fig. 6, la vésicule germinative parvenue à la surface du vitellus, commence à s'échapper. Dans celles qui suivent elle fait de plus en plus saillie; et enfin, sur la fig. 11° elle est tout-à-fait libre et telle qu'on la rencontre immanquablement dans l'albumen de l'œuf peu de temps après la ponte.

PLANCHE XVII.

DÉVELOPPEMENT DE LA LIMNÉE OVALE.

FIG. 1. OEuf examiné immédiatement après qu'il vient d'être pondu ; le vitellus semble opaque.

FIG. 2. OEuf âgé de 4 jours. Le vitellus s'est accru, et est devenu translucide. Ses vésicules, rassemblées vers sa partie centrale forment un nucléus.

FIG. 3. OEuf âgé de 6 jours. Une zone circulaire saillante indique le lieu qui va être occupé par la coquille. Embryon de $^{28}/_{100}$ de millimètre de diamètre.

FIG. 4. OEuf âgé de 18 jours. Le vitellus est partagé en deux régions ; l'antérieure qui se déprime et va former la partie saillante du mollusque, la postérieure encore globuleuse, et qui sera contenue dans la coquille. Embryon de $^{32}/_{100}$ de millimètre de longueur.

FIG. 5. OEuf âgé de 8 jours. La coquille commence à être apparente et forme une petite capsule en arrière. Embryon de $^{40}/_{100}$ de millimètre de longueur.

FIG. 6. OEuf âgé de 10 jours. Le manteau s'isole manifestement.

FIG. 7. OEuf âgé de 27 jours. Les yeux commencent à apparaître ainsi que la bouche. Embryon de $^{60}/_{100}$ de millimètre de longueur.

FIG. 8. OEuf âgé de 20 jours. Tous les organes sont formés, et la coquille plus ample que le corps laisse voir une espèce de pointe sur laquelle va se contourner le premier tour. Embryon de $^{62}/_{100}$ de millimètre de longueur.

FIG. 9. OEuf près d'éclore. La coquille est évasée comme une corne d'abondance, et la jeune Limnée occupe presque toute la cavité de l'œuf, dans laquelle elle rampe évidemment.

NOTA. Comme on le voit, le développement de l'embryon n'est pas proportionnel au temps. Il dépend de la température.

PLANCHE XVIII.

PSEUDO-ZOOSPERMES. — MUCUS INFRANCHISSABLE.

ZOOSPERMES DU TRITON.

Fig. 1. Corps diversiformes, mêlés à des globules du sang, et rencontrés sur des Lapines, à la surface des pavillons des trompes. Leurs mouvements imitent absolument ceux des zoospermes, et, dans un examen superficiel, on pourrait les prendre pour ces animalcules ; c'est pourquoi je les ai nommés *Pseudo-Zoospermes*. Cette figure représente, avec un grossissement considérable, le liquide obtenu en raclant légèrement les franges.

Fig. 2. Pseudo-Zoosperme encore plus amplifié et représenté environné de globules du sang, de petits globules muqueux et de granules.

Fig. 3. Mucus à vésicules serrées, qui remplit la presque totalité de l'étendue des trompes et que l'on a souvent pris pour du sperme. Je le nomme *mucus infranchissable* parce que jamais les Zoospermes ne le traversent : ils ne le pourraient pas tant il est compacte. Ce mucus vu à un fort grossissement, a été recueilli sur une Lapine à 3o millimètres de la corne.

Fig. 4. Zoosperme du Triton, d'après Spallanzani, qui considérait le corps de cet animalcule comme étant recouvert de cils.

Fig. 5. Vestiges de la membrane ondulée d'un Triton, laissés sur un verre après que le corps de l'animalcule en a été arraché.

Fig. 6. Zoospermes du Triton, d'après Bory St.-Vincent.

Fig. 7. Zoospermes du Triton, d'après M. Dujardin, qui prenait la membrane ondulée pour un filament roulé en spirale.

Fig. 8. Zoospermes du Triton, d'après M. Pouchet, qui considère ces animalcules comme ayant le dos surmonté d'une membrane ondulée, représentant un véritable organe de locomotion; sur cette figure cet organe est
en mouvement.

Fig. 9. Extrémité caudale d'un zoosperme de Triton dont la membrane nata-
toire est en repos; on aperçoit les ondulations que forment celle-ci, et
qui lui donnent l'apparence d'une fraise.

Fig. 10. Extrémité caudale d'un zoosperme de Triton, ayant formé la rosette
que quelques observateurs prirent pour une tête.

PLANCHE XIX.

—•—

ZOOSPERMES.

HISTORIQUE. — ORGANISATION. — DÉVELOPPEMENT.

Cette planche est destinée à exposer l'historique ou la succession de nos connaissances relativement aux zoospermes de l'homme, depuis les premières notions que l'on a eues sur eux, jusqu'à celles que l'on nous doit. On y trouve, en outre, des figures qui ont trait à l'organisation et au développement des zoospermes en général.

HISTORIQUE DES ZOOSPERMES DE L'HOMME.

Fig. 1. Zoospermes de l'homme, d'après Spallanzani.

Fig. 2. Zoospermes de l'homme d'après H. Cloquet.

Fig. 3. Zoospermes de l'homme, d'après M. Bory Saint-Vincent.

Fig. 4. Zoospermes de l'homme, d'après M. Chevalier. Morts?

Fig. 5. Zoospermes de l'homme, d'après M. Dujardin. Vivants? je n'ai jamais reconnu cette espèce de fente ou de sillon qui leur donne la forme d'un grain de blé.

Fig. 6. Zoospermes de l'homme, d'après M. Wagner. Vivants? C'est le premier savant, qui, selon moi, les représente avec leur forme réelle et quelques vestiges d'organisation.

Fig. 7. Zoospermes de l'homme, d'après M. Donné. Morts et dessinés d'après des empreintes daguériennes.

Fig. 8. Zoospermes de l'homme, d'après M. Pouchet.

Fig. 9. Zoosperme de l'homme encore plus grossi, d'après M. Pouchet, pour faire voir plus distinctement les vestiges d'organisation qu'on remarque à son intérieur et la pellicule qui le recouvre.

DÉVELOPPEMENT.

Fig. 10. Elle représente les divers degrés de développement des zoospermes d'un Passereau, d'après M. Wagner.

Fig. 10 a. Zoospermes encore contenus dans leur vésicule d'évolution.

Fig. 10 b. Zoospermes ayant distendu leur vésicule d'évolution.

Fig. 10 c. Zoospermes redressés et tout prêts à se disséminer.

ORGANISATION

F*IG*. 11. Zoospermes du Lapin, d'après Leeuwenhoek. On voit à l'intérieur des vésicules qui semblent être des vestiges d'organisation. Mais c'est une mauvaise figure, rien de semblable n'existe.

F*IG*. 12. Zoospermes du Lapin, d'après le même observateur. La vésicule blanche qui se rencontre à la base de la queue n'est que l'implantation de cet organe; c'est encore une mauvaise figure.

F*IG*. 13. Zoospermes du Cabiai, d'après Gerber. On aperçoit dans le céphalo-thorax deux organes distincts; celui qui se trouve en arrière est considéré par ce savant, comme l'ovaire.

F*IG*. 14. Zoosperme de l'Ours, d'après Valentin. On aperçoit à l'intérieur des vestiges d'organisation; ce sont, selon quelques savants, les vésicules de l'ovaire dans lesquelles se développent les jeunes zoospermes; on voit en outre sur cet animalcule deux ouvertures, dont une, d'après Valentin, est la bouche et l'autre l'anus.

F*IG*. 15. Zoospermes du Cochon de Barbarie, d'après M. Dujardin. Cette figure semble indiquer qu'il existe aussi sur eux quelques vestiges d'organisation à l'intérieur du céphalo-thorax.

PLANCHE XX.

FAUSSE SUPERFÉTATION.

FIG. 1. Représente, avec les dimensions qu'il possédait, le fœtus dont j'ai rapporté l'observation page 436, et qui fut produit immédiatement après un accouchement dans lequel il venait de naître un enfant à terme, avec la taille ordinaire. La tête et les mains étaient surtout déformées; près de lui se trouve son placenta, qui lui est encore adhérent.

FIG. 2. Trait de la tête du même enfant, vue de face pour montrer son remarquable écrasement.

FIN.

IMPRIMÉ CHEZ PAUL RENOUARD,
rue Garancière, n. 5.

Zoospermes de la Crocodile

Étude Sommaire de l'Homme

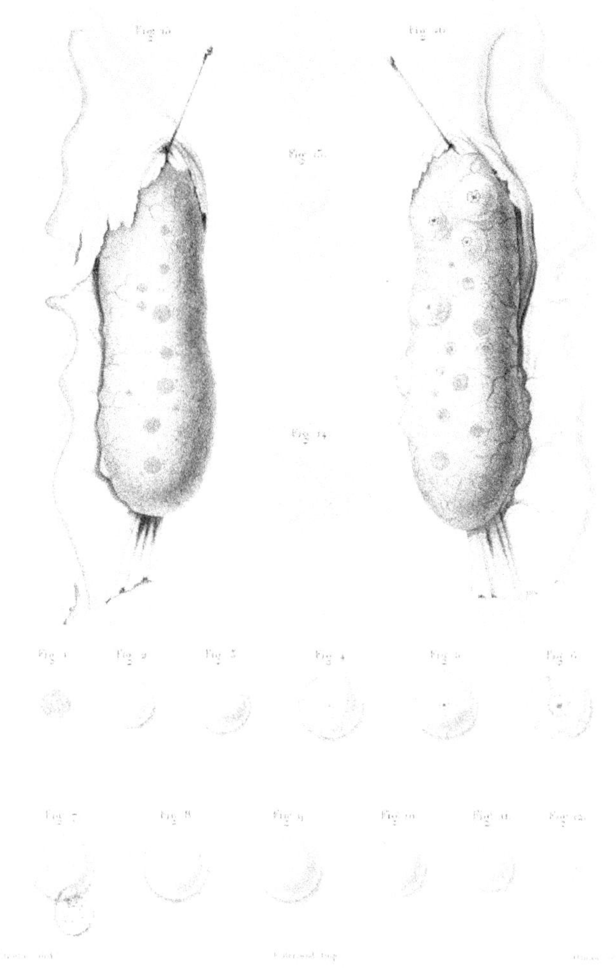

Ovulation spontanée de la Lapine

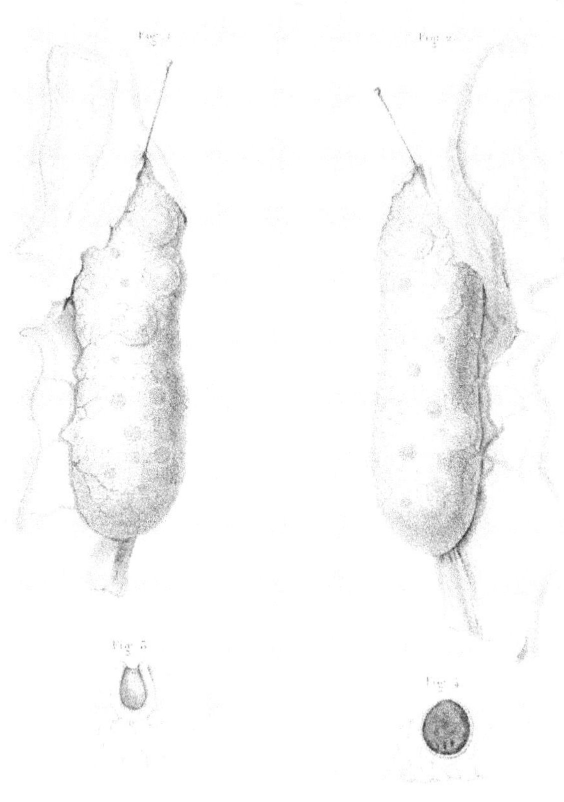

Fig. 1
Fig. 2
Fig. 3
Fig. 4

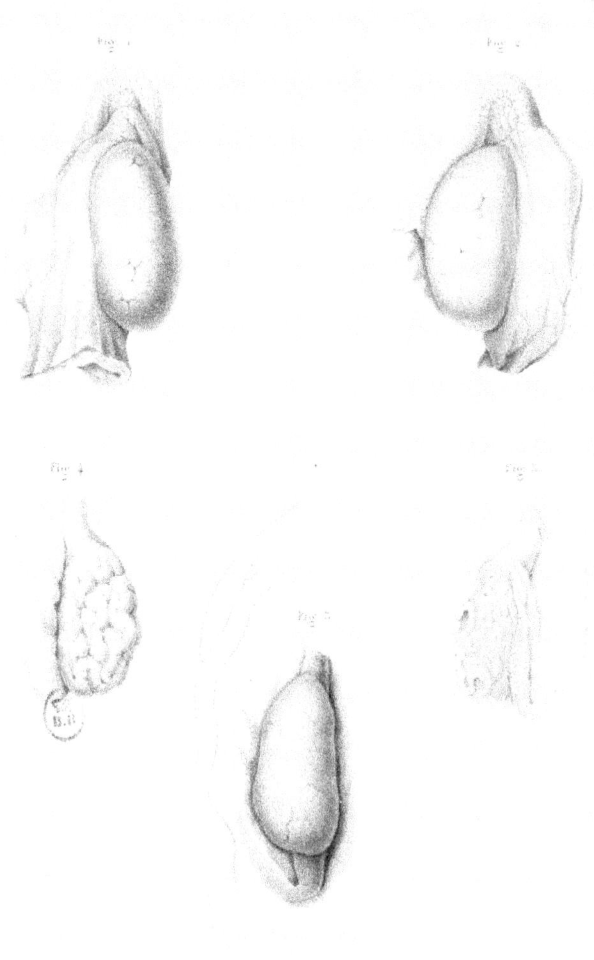

Ovulation spontanée de la femme.

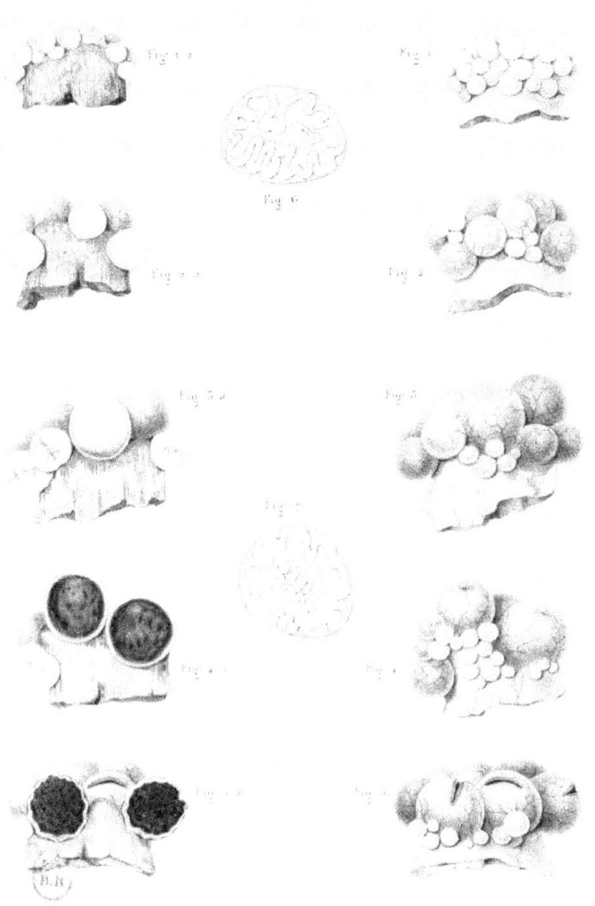

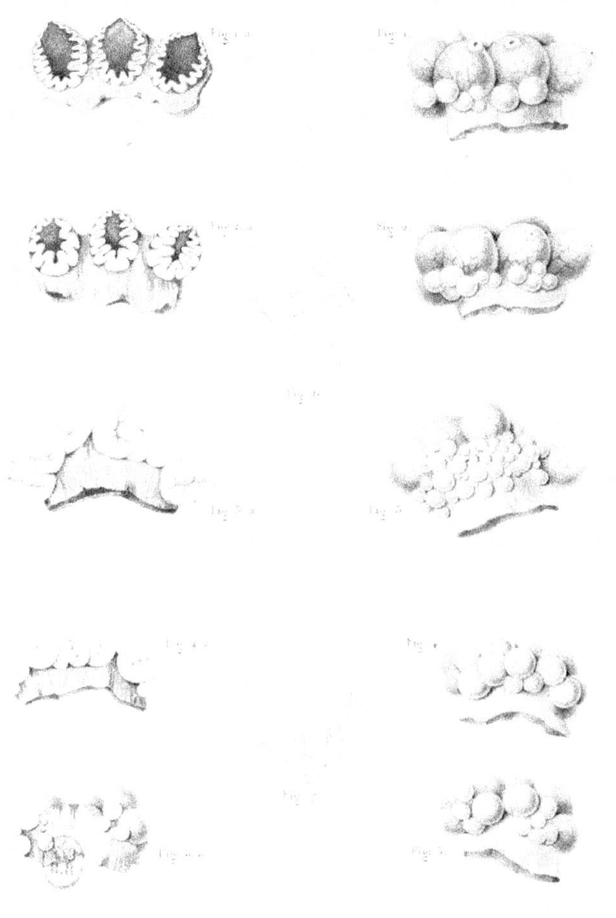

Ossifications spontanées de la Rate

Ovulation spontanée de la Truie
Œuf et membranes

Structure intime de la Vésicule de Degraaf et des corps jaunes.

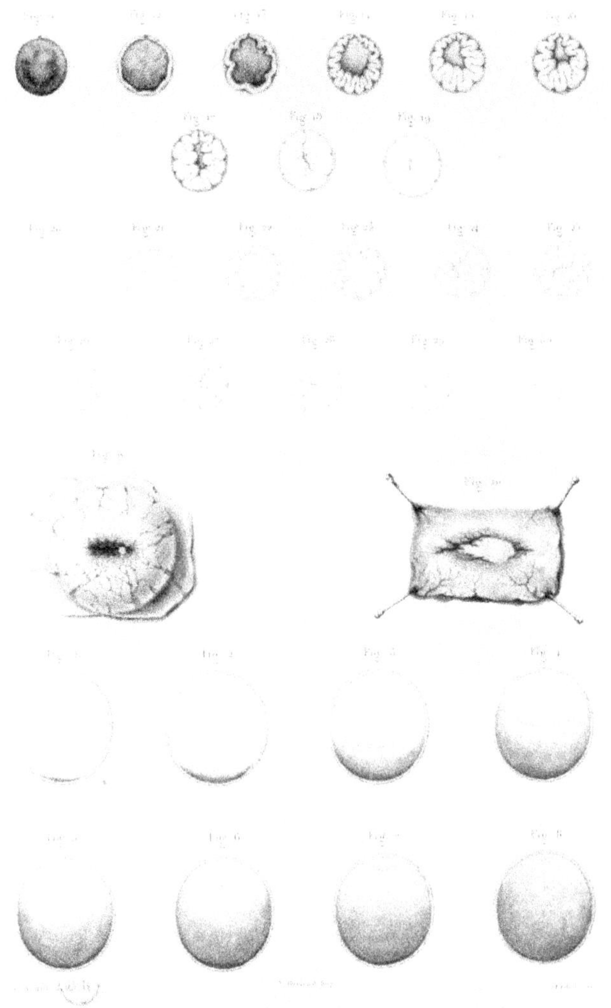
Expulsion de l'Ovule

Organisation des Volailles

Fig. 1.

Fig. 2.

Fig. 3.

Fig. 4.

Fig. 6.

Fig. 5.

Fig. 7.

Menstruation de la Femme.

Entre-menstruation de la femme.

Œuf et menstruation de la lapine

Évolution de la Vésicule Germinative

Développement de la lame ovale.

Pseudo-zoospermes. Marais infranchissable.

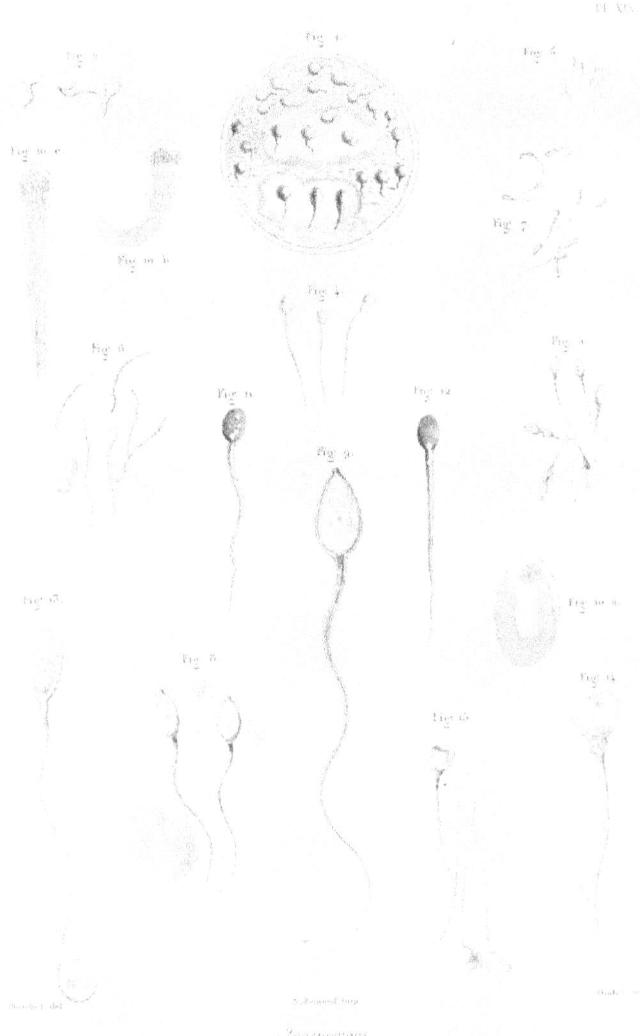

Zoospermes.

Ducher & C.ie sc.

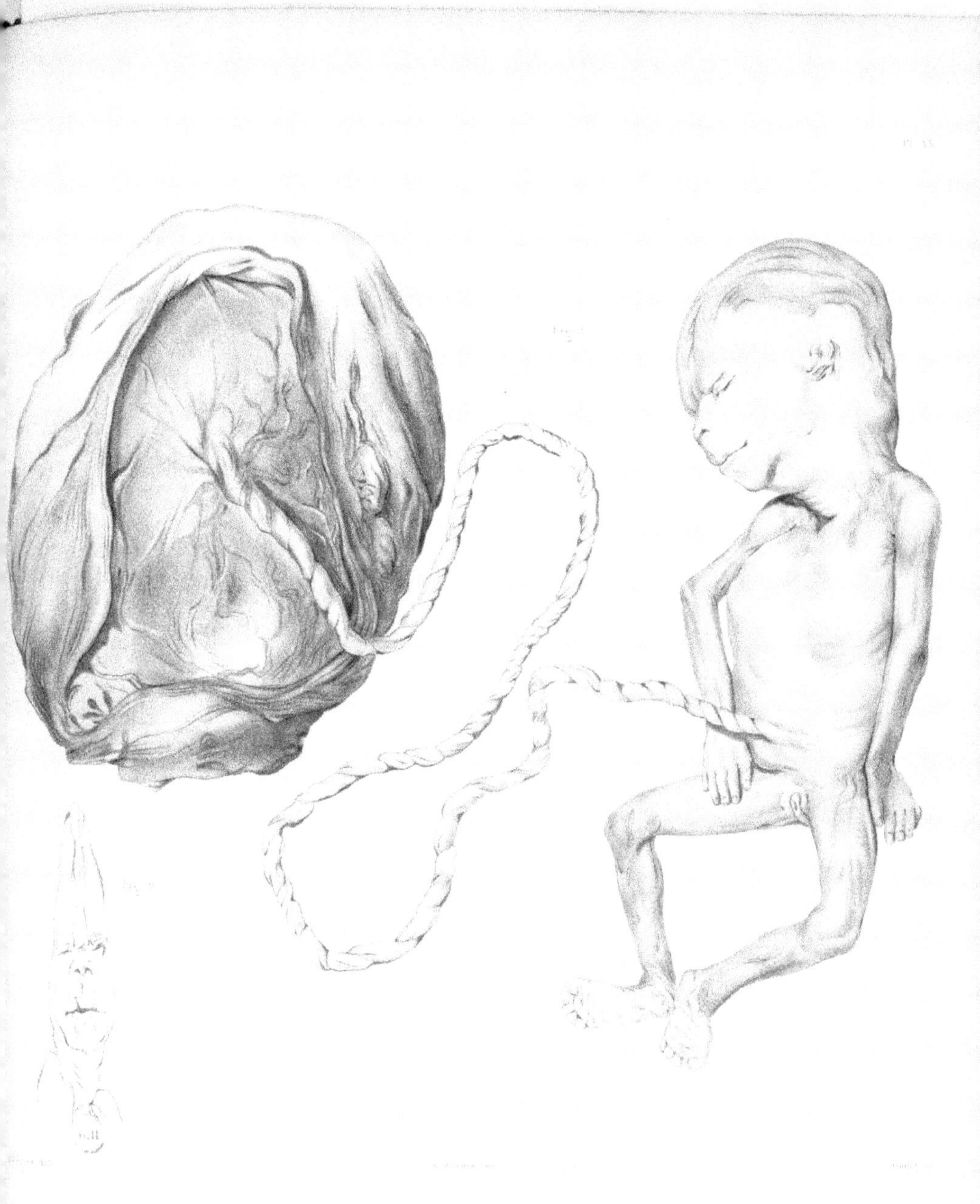